PUBLICATION N° 1

LE
MARÉCHAL-PRÉSIDENT

ET LES

D'ORLÉANS

M. THIERS ET LA COMMUNE

PAR

Félix DEPERLAS

Les Républiques sont la vie des
peuples civilisés.

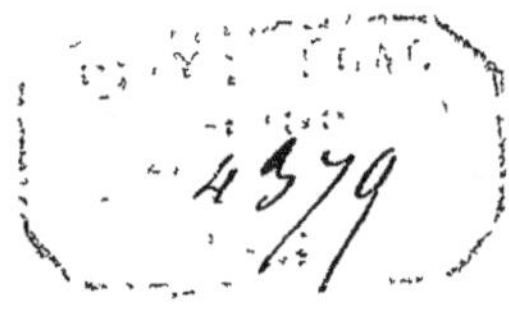

PARIS

EN VENTE CHEZ L'AUTEUR, RUE JOUFFROY, 7 (près la gare des Batignolles)

ET CHEZ TOUS LES LIBRAIRES

JUIN 1874

OUVRAGES DU MÊME AUTEUR.

1846. *Nouvelle méthode pour abréger considérablement aux Élèves et aux Maîtres le temps consacré aux difficultés mécaniques du piano et de tous les instruments de musique.*

(Approuvée et recommandée par le Comité des études musicales du Conservatoire royal de musique de Paris.)

Prix net : 6 francs.

1857. *Mémoire présenté à la Société impériale et centrale d'agriculture de Paris sur la fertilisation naturelle des marais tourbeux.*

(Approuvé par la Société impériale et centrale d'agriculture dans le rapport fait à sa séance solennelle de 1858.)

Prix net : 3 francs.

1860. *Des Réformes et des Institutions européennes, ou Vues par-dessus l'Europe en 1860, sous le règne de Napoléon III.*

Prix net (les derniers exemplaires) : 15 francs.

1864. *Chemins de fer agricoles ou populaires, ou Apport au budget d'un revenu d'environ 500 millions.*

Prix net : 3 fr. 50 c.

1864. *Chemins agricoles ou populaires, ou Proposition d'adjonction de routes ferrées ou dallées à chevaux et de routes ordinaires aux chemins de fer à vapeur.*

Prix net : 3 fr. 50 c.

TABLE DES MATIÈRES.

CHAPITRE 1

M. THIERS ET M. DE MAC-MAHON

CHAPITRE I

M. THIERS ET M. DE MAC-MAHON

M. X., un collaborateur anonyme du *Figaro*, a
tracé de main de maître, dans les numéros des 13 et
14 mai dernier, un portrait de M. Thiers. Il l'a bu-
riné en traits si heureux, que personne, certainement, après M. X., n'osera tenter de le refaire, et
que ce portrait, véritable document historique, res-
tera comme une chose faite pour toujours. « *Coad-*
« *juteur de royauté*, a-t-il dit, *de gouvernement,*
« *de dictature; chef de faction, quant il n'était*
« *pas chef du Conseil; de Retz, quant il n'était*
« *pas Mazarin. — Meurs ou tue : — Préside ou*
« *disparais, gouverne ou tais-toi. — Sauver son*
« *pays de la ruine et de l'anarchie, ou le préci-*
« *piter aux catastrophes et à la décadence. —*

« *Défenseur de la duchesse de Berry par lui*
« *emprisonnée, etc.,* » On ne peut pas mieux dire.

La seule chose qui m'étonne, dans ce collaborateur anonyme, c'est qu'un homme, doué d'un pareil
jugement, ne livre pas au monde son nom. Il semble
au contraire que le sentiment d'un jugement si sûr,
et qui certainement révèle un maître dans cet ordre
d'idées, doive entraîner à se faire connaître à tous.
En quelques lignes, désillusionner trois générations,
les jeunes, les mûrs et les vieux, faire la pleine lumière pour les autres, et rester soi-même dans
l'ombre, paraît de prime abord assez étrange, sur-
tout en ce temps-ci, où chacun a tant besoin, dans
tout ordre d'idées, de trouver un guide (1). Je n'ai
rien à ajouter de plus, si ce n'est que ce portrait, si
opportunément tracé, m'a fait jaillir du cœur, où je
les tenais momentanément enfermés, des reproches
virulents, à l'adresse de M. Thiers. Je les crois bien
mérités. Les voici :

La France expie depuis longtemps la complai-
sance vaniteuse, qu'elle a mise à écouter un homme,
qui n'a ni bases ni principes, doué seulement d'une
élocution démesurément facile, toujours, malheureu-
sement, au service d'une passion *quasi* irrésistible.

(1) Il est probable aujourd'hui que ce portrait est dû à la
plume de M. Saint-Genest.

Contrairement à cet axiome de sagesse vulgaire, que l'on connaît un arbre par ses fruits, en France on se laisse aller à croire presque autant et même presque plus un homme sur ses paroles, que sur ses actes. C'est un des côtés de politesse exagérée et même bizarre de notre caractère.

Louis-Philippe disait de M. Thiers qu'il n'était libéral que de ses sarcasmes. M. Enfantin l'appelait avec beaucoup de raison le petit Thiers. Depuis plus de quarante ans, en effet, M. Thiers a pesé fatalement, comme un cauchemar qui étouffe, sur l'esprit de la France, avec « *une habileté miraculeuse à tout embrouiller.* » Aujourd'hui, dans l'esprit de beaucoup, il semble que rien ne soit plus clair et plus net. M. Thiers a acquis par là le droit à une large part au malaise moral et à la misère de la société actuelle. Il faut savoir rendre justice à chacun : il a dû servir d'ombre à la Providence pour faire, tôt ou tard, d'autant ressortir la lumière.

En qualité d'homme d'Etat, M. Thiers nous a laissé, en 1848, alors qu'il était dans le plein développement de sa force, une sorte de cacade économique, sous la forme d'un petit in-18, et avec le titre de : *De la Propriété.* Ce petit opuscule n'a jamais pu mériter de la part d'aucun homme sérieux une réponse quelconque.

J'ai contracté, presque enfant, l'habitude de respecter telle opinion que ce fût, fût-elle la plus opposée à la mienne, mais à la seule condition toutefois, c'est que je la crusse sincère. Toutes les natures sont bonnes, a dit saint Augustin, c'est-à-dire ont un côté utile et nécessaire au plan de la Création. Chaque opinion a l'opinion inverse pour contrepoids dans une certaine mesure, afin de l'empêcher d'abonder trop dans la sienne. *L'excès en tout est un défaut* a dit un proverbe. Or, comment faire avec M. Thiers pour se faire une opinion sur lui :

Je suis bien éloigné de lire les ouvrages de M. Thiers. Je ne pardonne pas à qui n'est jamais éloquent, mais simplement toujours facond, abondant. Ce n'est là que talents de troisième ordre. Je ne retrouverais pas en un instant la page où, dans *l'Histoire du Consulat ou de l'Empire*, j'ai vu M. Thiers s'exprimer ainsi à l'égard de la cour papale :

Le Collége des Cardinaux, a-t-il dit, *n'est qu'une poignée d'ignorantins.*

Mais si la cour papale n'est qu'une poignée d'ignorantins, pourquoi alors M. Thiers, se levant sur ses ergots, s'est-il dressé contre la juste ambition qu'avait Napoléon III de miner peu à peu cette cour, et d'arriver ainsi à faire tomber dans le mépris public cette poignée d'ignorantins ? Pourquoi M. Thiers s'est-il déclaré alors partisan de la puis-

sance temporelle du pape? Pouvez-vous l'ignorer,
naïfs? C'est qu'alors, naïfs, M. Thiers faisait de
l'opposition à Napoléon III, sans quoi il en eût été
tout autrement, si M. Thiers, dont ne voulait pas se
servir Napoléon III, eût été au ministère.

Ab uno disce omnes. Il en a été ainsi pendant
45 ans tout du long de la vie de M. Thiers.

« La République elle-même, objet de ses prédilec-
« tions actuelles, n'a été par personne plus vili-
« pendée que par lui; mais pourquoi, quand les
« républicains affectent de manquer de mémoire, se
« souviendrait-il de Saint-Merry, des lois de septem-
« bre et de la Commune? (Voir le *Figaro* du 14 mai
« dernier, art. intitulé : *Mémoires d'un journa-*
« *liste.*)

Je donne ici la plume à l'auteur du portrait de
M. Thiers dans le *Figaro :*

« C'est le collaborateur d'Armand Carrel, l'insti-
« gateur de la protestation contre les ordonnances
« de juillet, le détracteur envenimé de la branche
« aînée, l'ami de Manuel et de Béranger, l'empri-
« sonneur de Mme la duchesse de Berry, le coura-
« geux antagoniste des émeutiers de Saint-Merry,
« l'inspirateur *(quand il n'était pas ministre)* de
« toute la presse opposante sous Louis-Philippe,
« le chef de file des Véron, des Boilay, des Mer-
« ruau, des Malitourne, des Lapelouze, des Cau-

« chois-Lemaire, des Chambolle, des Guillemot, des
« Lechevalier, des Cavé, des Romieu, des Brin-
« deau, des Cassagnac père, des Léon Pillet, des
« Loève-Veimars, de cent autres, tour à tour ses
« apologistes et ses ennemis ; le maître vénéré et
« patriarcal *(sous l'Empire)*, des Hippolyte Rigaud,
« des Alexandre Thomas, des Prévost-Paradol, des
« John Lemoinne, des Pelletan, des Guéroult, des
« Weiss, des Hervé, des About, qui viendrait,
« comme un écolier pris en faute, battre sa coulpe
« d'un excellent article de journal et geindre piteu-
« sement devant un vieux maître d'école lyonnais :
« — Ce n'est pas moi, m'sieu, c'est *Figaro!* »

(Voir le *Figaro* du 27 mai dernier, article intitulé : *D'un jeune à un « vieil » abonné.*)

Les révoltes, a dit un Anglais, sont des révolutions,
qui ont échoué, et les révolutions des révoltes, qui ont
réussi. Ce sont là des faits, que personne ne conteste,
mais que l'on considère ainsi seulement dans leurs
manifestations brutales, et sans tenir aucun compte
du plus ou moins d'esprit du bien ou du vrai, qui les
a motivés. Qui ne voit clairement, dans l'histoire, le
nombre d'efforts tentés, avant que le bien ou le vrai
puisse se faire jour? Combien de Spartacus ont été
victimes, avant l'abolition de l'esclavage ? Combien
de Communes ont été écrasées, avant la liberté des
Communes ? Le monde est-il un autre spectacle que

celui de la lutte incessante entre le mal et le bien, entre l'erreur et la vérité ? Le fait matériel n'a donc aucune valeur morale par lui-même, mais seulement par l'esprit du bien ou du vrai, qui y est contenu.

M. Thiers n'est pas de cet avis.

« J'ai pour principe, dit-il, de prendre, en poli-
« tique, les faits pour point de départ, et de les con-
« tinuer en les améliorant. Quand je suis entré dans
« la vie publique, j'ai trouvé la France en monarchie,
« et je ne souhaitais rien de mieux pour elle que les
« institutions libérales de l'Angleterre.» (Discours de
M. Thiers à une députation de Français du Pérou.
Voir le *Bien public* du 4 juin 1874.)

Mais alors, Monsieur Thiers, vous, qui êtes « un
« vieux partisan de la monarchie, » si, par hypothèse, la maison d'Orléans par toutes ses intrigues à
l'intérieur et tous ses appuis à l'extérieur, arrivait à
culbuter le Maréchal de Mac-Mahon et son septennat,
alors, le lendemain, vous cesseriez aussitôt de jouer
au converti à la République, «vous prendriez ce fait
« pour point de départ, et vous le continueriez et l'a-
« mélioreriez, en ne souhaitant rien de mieux pour
« nous que les institutions libérales de l'Angleterre.»
Ah ! Monsieur, combien sont naïfs, les gens qui croi-
raient encore en vous.

Si l'on avait la patience de suivre pas à pas dans

l'histoire de ce temps-ci toutes les volte-faces de ce petit homme-là, l'esprit en serait comme épouvanté, atterré. IL Y A UN DEGRÉ, QUI FAIT ILLUSION, C'EST QUAND CE DEGRÉ PASSE TOUTES LES BORNES PERMISES ; CE DEGRÉ-LA FASCINE, ÉBLOUIT. Il n'y a plus d'hommes, me disait un jour M. Enfantin. Il est évident que les dernières générations de ce siècle sont tellement pauvres d'esprit, que l'on a accepté avec une faiblesse remarquable toutes les pirouettes de ce petit personnage sans pudeur ni honte quelconque. M. Thiers revêt autant de formes que d'événements, comme le caméléon se colore d'autant de couleurs que de lieux sur lesquels il se repose. C'est sous ce rapport un harmoniste consommé. Arlequin n'a à sa disposition qu'un certain nombre de couleurs , M. Thiers les a toutes. C'est un ver de terre, que l'on n'a pas la peine de couper en plusieurs tronçons, et qui prend soin lui-même de se couper en autant de morceaux, qu'il lui plaît de le faire ; mais c'est un ver qui décourage, à cause de la facilité merveilleuse, avec laquelle il recolle tous ses tronçons à la première occasion. Il se retire de la politique, joue au mort, et le voilà tout à coup des plus vivants. C'est cette facilité de revivre tout à coup, et d'éclairer dans l'ombre comme un ver luisant, qui fait la consolation de tant d'esprits médiocres, qui, dépourvus de lumières propres, en sont réduits à s'éclairer des lumières, quelquefois trompeuses, des autres.

Dans son procès avec M. de Villemessant, M. le général Trochu, de si digne mémoire, a voulu prendre la parole, sans doute pour nous révéler un fait bien curieux, et qui a passé aux oubliettes, comme passent tant de choses en France :

« *Sans vouloir*, dit-il, *me faire mon propre*
« *apologiste, je puis dire que je n'ai eu toute*
« *ma vie qu'un sentiment, un idéal, mon devoir.*
« *Cette ambition qu'on me reproche, comment*
« *s'est-elle traduite ? en refusant les plus*
« *grands emplois de France. A Bordeaux,*
« *un député un jour m'arriva (et il m'entend, et*
« *M. Thiers m'entend aussi).* Il me dit que le
« chef du pouvoir exécutif voulait honorer mes
« services du siége de Paris, et m'élever au maré-
« chalat.

« *J'ai répondu :*

« *Je décline toute récompense de ce genre :*
« *d'abord, parce que j'ai fait serment de servir*
« *gratuitement mon pays jusqu'à la fin de ma*
« *carrière militaire, qui est venue aujourd'hui;*
« *ensuite parce que, lors de la future discussion*
« *d'une loi militaire, je proposerai la suppres-*
« *sion des maréchaux pour les opérations de*

« *campagne.* » (Audience du 1ᵉʳ avril 1872. *Gazette
des Tribunaux,* des 1ᵉʳ et 2 avril.)

Je ne connais pas l'histoire aussi bien que vous,
Monsieur Thiers. C'est pourquoi en cela je vous
prends pour juge. Y a-t-il jamais eu dans l'anti-
quité ou dans les temps modernes, dans l'histoire
du bas empire ou une autre histoire, un siége quelconque, où celui qui commandait la ville ait paru
se jouer aussi inhumainement de ses habitants, et
où, après le siége, il s'est trouvé un roi assez bien
inspiré, pour offrir une couronne de chêne à celui
qui avait su si habilement la faire souffrir ? Malgré
vos connaissances indéniables en histoire, je ne
crois pas que vous puissiez trouver deux hommes,
chacun dans son genre, aussi remarquables que
M. le général Trochu et vous. Si l'on est obligé
de vous décerner de telles éloges de votre vivant,
que pourra-t-on imaginer de vous offrir après votre
mort ?

Mais si M. Thiers trouve en réalité la conduite
de M. Trochu tellement digne d'éloges, qu'elle lui
vaut assurément et de droit le bâton de maréchal
de France, c'est, pour le moins que l'on puisse
dire, qu'il l'approuve alors pleinement : mais s'il
approuve pleinement la belle conduite de M. Trochu, en certain accord peut-être avec des gens,
avec lesquels il ne devait pas l'être, c'est que, peut-

être aussi, M. Thiers était en certain accord avec ces gens-là. Avant de conclure, nous avons besoin de plus amples informations. Pour le moment, rien n'est suffisamment expliqué.

Tout le monde sait que l'Angleterre est le pays de l'accaparement presque total du bien-être physique et moral d'une nation au profit d'un très-petit nombre de privilégiés; le pays de la misère scandaleuse, révoltante, hideuse; le pays de *l'hypocrisie organisée,* comme l'a dit si justement un Anglais, M. Disraéli, trois fois ministre et devenu en 1868 chef du cabinet britannique. Or, comme M. Thiers abonde en mots heureux, avant de tomber du pouvoir, il a tenu à nous dire, d'abord en comité, puis en pleine Chambre, afin que tout le monde le sache et se le rappelle, qu'il ne pouvait pas assurément disposer de la France, mais que si, par hypothèse, il le pouvait, *il aimerait mieux en faire une Angleterre qu'une Amérique !*

Ainsi l'idéal de ce grand citoyen, c'est *l'opulence* pour quelques-uns, *la misère hideuse* pour presque tous les autres, et *l'hypocrisie organisée* pour ceux qui sont à la tête d'une nation. Il est bien permis de ne pas être épris de cet idéal. Quel esprit il y a dans cette tête-là !

Il est évident, et c'est là le point le plus capital, auquel nous voulons en venir, il est évident, dis-je, qu'aucun honnête honne ne peut rien fonder sur cet homme-là.

Ce n'est pas seulement en France que M. Thiers jouit d'un faux prestige, mais aussi en Europe. Les deux emprunts contractés sous la Présidence de M. Thiers en sont la preuve irréfutable : mais quoique le « *vieux partisan de la monarchie* » ne pouvant réussir à atteindre son but monarchique, eut fait alors volte-face vers la République, il n'a pu cette foi inspirer confiance en lui, et les derniers mois de 1872 et les premiers de 1873 ont été, en pleine paix et pleine apparence de sécurité dans l'avenir, très-mauvais pour les affaires.

Depuis le 24 mai 1873, sous la présidence nouvelle du Maréchal de Mac-Mahon, les affaires à la vérité ont été bien loin de reprendre : mais il y a une raison à cela, sur laquelle le temps est venu de s'expliquer. Chacun sait que notre nouveau Président est un homme droit, loyal, honnête, bon, et ce sont certaine=ment là les qualités les plus précieuses que l'on peut rechercher et ambitionner dans un Président, et les bases les plus heureuses, sur lesquelles on peut es-pérer de pouvoir fonder la République. Le bâton de Maréchal de France, qu'il a gagné de grade en grade, doit être aussi une raison de sécurité dans le présent et dans l'avenir; car, ne l'oublions pas, et ne nous payons pas encore de fatuité, on osera bien encore nous chercher une querelle d'Allemand, doublée de la perfidie d'une deuxième nation, le tout appuyé sur l'or d'une troisième nation, comme principe de corruption.

Pourquoi donc les affaires ne marchent-elles pas ? Les affaires ne marchent pas, parce qu'en France, avec cette légèreté d'esprit et cette disposition native de tendre l'oreille à tout discours, M. Thiers, lui, la tête de ceux qui peuvent proférer le plus de paroles à la minute, a hébété le pays depuis longtemps de son bagout et son verbiage. Depuis 45 ans, M. Thiers en nous prenant par notre faible, a tellement embrouillé toute question, que les principes fondamentaux, sur lesquels doit reposer tout gouvernement monarchique même ou républicain, nous sont parfaitement inconnus, comme du reste à M. Thiers. Le peu de sincérité de cet homme a été tel en tout temps, que Dieu l'a peu à peu aveuglé, et à la suite, nous qui ne tenons pas plus aux actes qu'aux belles paroles. Aujourd'hui toute base fondamentale, toute constitution est construite à l'envers.

Est-ce que, par exemple, *un Président est nommé pour être le très-humble valet d'une Chambre?*

Nous reviendrons sur cette question et sur d'autres également fondamentales dans des brochures, qui vont suivre celle-ci.

Je me bornerai pour aujourd'hui à dire qu'il faut

que notre Maréchal-Président ouvre immédiatement des travaux dans toute la France, car *il n'y a pas de septennat possible, sans grands travaux immédiats sur toute l'étendue du territoire.*

C'est la misère qui décourage et qui fait revenir aux Bonapartes.

Nous publierons successivement et dans ce but une série de travaux de premier ordre, qui répandront partout, je l'espère, et à profusion, l'abondance.

Le premier de ces travaux sera intitulé : *les Loyers de Paris et de Province, à moitié prix.* Ce titre paraîtra peut-être prétentieux, mais il sera justifié. Telle maison, qui coûte aujourd'hui 200,000 francs de construction, peut être bâtie pour 100,000 !

CHAPITRE 2

LE MARÉCHAL-PRÉSIDENT ET LES D'ORLÉANS

CHAPITRE 2

LE MARÉCHAL-PRÉSIDENT ET LES D'ORLÉANS

La République française ayant été proclamée le
4 septembre 1870, à titre de ministre plénipotentiaire,
qu'êtes-vous donc, Monsieur Thiers, dès le 8 du même
mois, allé dire de si pressé à toutes les puissances
de l'Europe? Il ne faut pas être doué de la seconde
vue pour le deviner. Vous êtes allé les prévenir
toutes, que vous alliez jouer la tragédie de la République, en attendant que vous, « *vieux partisan de la
monarchie,* » redonniez le trône aux d'Orléans.

On a proposé, nombre de fois, et de presque tous
les côtés à la fois, à M. Thiers, des moyens de conci-
liation, particulièrement celui d'entrer, sans effusion
de sang, dans Paris, sous les seules conditions de
proclamer solennellement la République, et le res-

pect du droit naturel, libre et imprescriptible d'élec-
tion des autorités communales par les Communes.
M. Thiers a préféré le massacre. Cela aurait-il été
pour commander, au moins une fois, avant de mou-
rir, autrement que sur le papier? Encore pour y arriver, a-t-il été obligé d'informer chaque officier, que
son intention expresse était certainement d'établir la
République, alors que son intention expresse était
certainement de rendre le trône à M. le comte de
Paris. M. Thiers vient de confirmer ce dernier dire
dans son allocution à une députation des habitants
de Bordeaux.

« Ah çà, dit un jour M. Thiers à M. de Villemes-
« sant en le regardant avec étonnement, est-ce que
« par hasard vous me croyez républicain? — Ah!
« Monsieur le Président, lui répondit avec véhémence
« M. de Villemessant, si tout le monde pouvait en-
« tendre ce que vous venez de me dire là! » (Voir
le *Figaro* du 19 mai dernier dans l'article intitulé :
Mémoires d'un Journaliste.)

On n'en impose pas impunément et toujours à une
armée tout entière et à un pays comme la France ;
le moins qui puisse arriver à celui qui persévère dans
cette voie diabolique est de se voir un jour percer à
jour de part en part, et jeter nū sur la voie publique.

M. Thiers se traite lui-même de « *vieux partisan
de la monarchie;* » on n'a donc nullement à compter

-sur lui pour aider à fonder la République. Dans l'allocution qu'il vient de prononcer à titre de remercîment à la députation de Bordeaux, M. Thiers vous répète à satiété qu'il n'a pu faire la monarchie, et que l'on n'a pu après lui, faire mieux que lui.

« *On m'adressait un reproche*, vient-il de dire,
« *c'était de n'avoir pas voulu ramener le pays*
« *dans les voies de la monarchie. Pouvions-nous*
« *proclamer la monarchie ? Pouvions-nous même*
« *nous saisir du gouvernement et faire reconnaître*
« *l'autorité de l'Assemblée, si nous avions an-*
« *noncé qu'elle venait pour abolir la République ?*
« *— Et un mois après, lorsque, arrivés aux portes*
« *de Paris, qu'il fallait arracher à l'anarchie,*
« *nous étions obligés de déclarer, au nom de*
« *l'Assemblée elle-même, que c'était non pour la*
« *monarchie, mais pour l'ordre social en péril*
« *que nous combattions, aurions-nous pu tout à*
« *coup proclamer la monarchie ?*» (Allocution de
M. Thiers, en date du 23 mai, à la députation de Bordeaux.)

Peut-on avouer plus platement que l'on a menti, que l'Assemblée a menti, que tout le Gouvernement a menti ? Ah ! la belle foi que l'on peut avoir dans cet homme-là ! Ah ! les naïfs, que les petites bonnes gens, qui ont la moindre confiance dans cette petite nature-là ! C'est donc archi-évident, M. Thiers accepte la

République, comme les voleurs acceptent les menottes.

Mais, si ce n'est que contraint et forcé que M. Thiers accepte la République, prenez garde à ce qui peut arriver! L'expérience de toutes les palinodies de la vie politique de ce personnage prouve surabondamment que l'on ne doit tenir aucun compte de ce qu'il dit publiquement, mais seulement de ce qu'il fait secrètement. Or, voilà un fait nouveau, publié par *l'Opinion nationale* et le *National* du 21 mai 1874 :

« *Dans le budget de 1874, p. 65, tableau des*
« *découverts du Trésor, on trouve un article*
« *ainsi conçu :*

« EMPRUNT CONTRACTÉ PAR LA FAMILLE D'ORLÉANS ET
« REMBOURSÉ PAR LE TRÉSOR,

16,322,691 francs.

« *L'Opinion nationale* ayant vainement cherché
« l'explication de cet article, qui ne figurait point dans
« le budget de 1874, suppose judicieusement que *le*
« *Journal de Paris* sera probablement plus heu-
« reux qu'elle. »

Dans l'état actuel des choses, ne se pourrait-il pas qu'en haine du Septennat et de la République, MM. X X. aient décidé MM. X X. à prêter à la maison d'Orléans (qui, ne tenant aucun compte de la volonté de Dieu, selon eux, doit infailliblement régner un jour), pour faire en Espagne le coup d'État du 3 janvier contre la République espagnole, la somme de **16,322,691** francs ?

Serrano serait peut-être le Prim, payé comme l'ancien de la maison d'Orléans en Espagne, c'est-à-dire du duc de Montpensier. Le général Pavia, qui a exécuté le coup d'État, sans être, paraît-il, au courant des ficelles, et qui vient de donner sa démission de Gouverneur de la Nouvelle-Castille, parce que, dit-il, il ignorait travailler pour une *faction*, et non pour le pays, confirmerait peut-être ce point de vue.

« On annonce l'arrivée prochaine dans nos murs « du général Pavia, qui renonce, dit-on, à la vie « politique et resterait à Paris jusqu'à la fin de la crise « espagnole. » (*Moniteur universel* du 31 mai 1874.)

A un jour donné, qui sait, les d'Orléans pourraient tenter un petit coup d'État, soutenu en Espagne par le duc de Montpensier. Une armée passerait les Pyrénées. Tous les yeux seraient tournés vers le Midi. Vers ce jour-là, qui sait ? une autre armée passerait le Rhin, etc., etc.

Quand on a bientôt 60 ans, on ne doit pas s'avancer, sans savoir quelque chose.

Souvenez-nous que le Français est l'homme le plus léger de la terre, innocent comme un enfant, et le

Parisien un être enthousiaste, qui ne croit jamais au mal, confiant, naïf, candide, et qui décerne à l'avance des couronnes à qui n'a pas encore remporté de victoires.

En attendant, *toujours est-il que l'État a déjà prêté aux d'Orléans* **16,322,691** *francs pour fouetter probablement le septennat.*

MARÉCHAL-PRÉSIDENT, PRENEZ GARDE AUX D'ORLÉANS ! (1)

(1) Au moment où je porte ces lignes à l'impression, j'apprends par le *National* du 2 juin 1874 la nouvelle suivante :

« On sait à quelles conjectures a donné lieu la mission de M. Hatzfeldt à Madrid. On a supposé que le confident de M. de Bismark était chargé de ressusciter une nouvelle candidature Hohenzollern au trône d'Espagne......

« Nous trouvons aujourd'hui dans une lettre du correspondant madrilène du *Journal des Débats* une version qui nous paraît beaucoup plus probable. M. de Hatzfeldt ne serait pas allé, à Madrid pour y poser la candidature d'un prince allemand : l'exemple d'Amédée de Savoie n'a rien qui puisse engager à tenter une nouvelle expérience de même nature.

« La Prusse a d'autres préoccupations..... ..... Elle vient en Espagne pour sonder le terrain, et voir si elle ne pourrait pas s'y ménager des alliances.

« Personne ne doute ici, dans les plus hautes régions, qu'il n'existe entre la Prusse et l'Italie un traité secret d'alliance défensive et offensive ; ce serait un traité semblable, que la Prusse voudrait contracter avec l'Espagne. »

CHAPITRE 3

M. THIERS ET LA COMMUNE

CHAPITRE 3

M. THIERS ET LA COMMUNE

« S'il y a un homme, dit M. Thiers, à qui coûte
« l'effusion du sang, c'est moi, j'ose le dire. J'ai
« *bravé* toutes les chances, toutes les extrémités de
« cette guerre affreuse. *Moi! complaisant du radi-*
« *calisme, du communisme, j'ai écrasé....* —
« Quand j'ose dire moi, ce sont les braves gens, qui
« voulaient bien écouter ma voix. — Nous avons
« *écrasé* cette *faction détestable;* et nous l'avons
« *écrasée,* j'espère, *pour longtemps.* » (*Journal
officiel* du 25 mai 1873.)

Monsieur, comme ministre, vous avez su que, sous
toutes les monarchies, Paris renfermait, en tout
temps, de 65,000 à 70,000 racailles, voleurs, violeurs,
banqueroutiers frauduleux, faussaires, repris de jus-

tice, incendiaires, et autres catégories, tous le rebut de la province. Dans un moment aussi grave, 70,000 en sifflent 30,000 autres, et en voilà tout à coup 100,000 dans la place, d'autant plus hardis qu'ils sont plus nombreux, sans compter encore ceux de l'étranger. Or, 100,000 racailles des départements n'ont rien de commun avec la masse des ouvriers de Paris. (Je ne comprends même pas que ces derniers, au nombre de 1,500,000, hommes et femmes, ouvriers à divers titres, n'aient pas depuis longtemps contraint des Gouvernements, qui ne savent pas administrer, à immobiliser chacune de ces racailles dans la commune, qui lui a donné naissance. Que peuvent faire 3 à 4 mauvais sujets par commune?) Vous saviez tout cela. Or, 100,000 racailles ne pouvaient pas compromettre dans votre esprit la masse des ouvriers de Paris, l'élite à coup sûr des ouvriers de la France.

Vous avez voulu marcher résolûment, en assumant sur vous toute la responsabilité du sang à verser. Était-ce pour punir les masses du mot *de vile multitude,* qu'elles vous reprochent tant? Sans doute, et vous avez raison, les masses ont une lie, que l'on peut traiter justement de vile multitude; mais vous savez fort bien aussi que, si les masses ont dans leurs bas fonds une lie, qui s'y dépose, le monde est également infecté par une écume, qui monte en haut, et qui est peut-être plus pernicieuse encore que la lie.

M. Thiers, a-t-on dit, ne supporte pas la moindre
contradiction. Il est plus absolu que Louis XIV et
que Napoléon III. On doit être absolu, lorsque l'on
sait, parce que l'on est en possession de principes,
sur lesquels on se repose. Mais, je l'ai dit en com-
mençant, M. Thiers ne sait pas un mot de méthaphy-
sique; il n'a ni bases ni principes, ni points de départ,
ni points d'arrivée; il se fie seulement à l'ardeur de
sa passion du moment, pour jeter de la poudre aux
yeux, et à son imperturbable aplomb, faconde ou bagout, pour imposer autant de feintes convictions, que
d'occasions diverses se présentent. En France, une
langue dorée aura toujours du crédit. Le moment
seul est venu, pour M. Thiers, à l'instant même, où
la nécessité de sa passion l'exige; car, auparavant,
il piétine, dit-on, devant une résistance sérieuse, et
affirme ainsi la preuve irréfutable d'un excès d'amour
propre et d'outrecuidance, si communs chez les natures inférieures.

Les prétentions de la Commune à la République
étaient anticipées, puisqu'elles précédaient le moment,
où M. Thiers n'avait pas encore trouvé bon de proclamer la nécessité de la République. Or, M. Thiers a
toujours de la rage dans le cœur, toute prête, à l'a-
dresse de qui lui résiste. Il a donc fallu qu'il entrât à
Paris avec une rage, au moins contenue au cœur, et
qui n'a pu éclater que le jour où il en a été maître,

De là les horreurs intempestives que chacun vous
conte. Grattez bien légèrement le prétendu grand
citoyen, vous trouverez sous l'épiderme le barbare, la
violence peut-être du Sarrasin.

Monsieur, *on ne brave pas des frères,* même
égarés, dont la plupart alors auraient dû leur égare-
ment aux beaux faits d'armes de M. Trochu, auquel
vous avez offert le bâton de Maréchal de France pour
sa noble conduite ; on ne brave pas des frères : on
peut les plaindre ; à plus forte raison, ne doit-on pas
répéter, *par 3 fois,* qu'on les a *écrasés. C'est du
dernier mauvais cœur.*

Puisque, Monsieur, vous aviez résolu d'entrer dans
Paris, sans tenir aucun compte de l'opinion de tant de
personnes, qui sont venues de tous côtés vous prier
instamment de les écouter, vous offrir leur médiation ;
et que vous avez voulu ne vous inspirer absolument
que des seules idées de votre dévorante personnalité
et de votre infaillible organisation, je vous en demande
bien pardon, je ne prends même aucun avis de vous
à cet égard, mais il n'y avait qu'une *seule* manière d'y
entrer. *Avec énormément de sévérité pour les uns,
et beaucoup d'humanité pour les autres.* Je veux
bien que vous approuviez M. le général Trochu dans
la belle conduite, qu'il a tenue au siége de Paris, puisque telle est votre idée ; mais vous voudrez bien que
je vous dise, que M. le général Trochu a été la cause

volontaire de *souffrances atroces* pour la population de Paris. De là une *exaspération bien légitime* dans les esprits, dont la responsabilité retombe nécessairement sur celui qui en est l'auteur, *et sur celui qui approuve cet auteur.*

On a arrêté de grands coupables, mais aussi *beaucoup d'innocents exaspérés.* Avant de les juger, personne évidemment ne pouvait distinguer les coupables des innocents; et cependant, qui donc, si ce n'est vous, a donné des ordres révoltants, pour brutaliser en bloc les uns et les autres, les hommes et les femmes, dans tous les cachots et sur tous les pontons? Chacun a des horreurs à vous conter, plus déplorables les unes que les autres. *La France n'en a pas vu de pareilles depuis la Saint-Barthélemy. Qui y présidait? M. Thiers, Président de la République française.*

Quos vult perdere Jupiter dementat, a dit Horace, qui savait juger des choses. Qu'avez-vous donc fait à Dieu, pour qu'il vous ait envoyé une pareille démence ?

« Durant, dites-vous, les événements déplorables
« de la Commune, j'ai reçu de nombreuses députations du Midi, qui condamnaient unanimement
« les excès du Paris révolutionnaire, mais qui protestaient unanimement aussi contre toute pensée de
« restauration monarchique. J'ai promis, c'est-à-dire,

« j'ai répété à cette occasion la promesse déjà faite
« plusieurs fois à la tribune, que je rendrais, comme
« je l'avais reçue, la forme de gouvernement dont
« j'étais dépositaire.» (Discours de M. Thiers à une
députation de Français du Pérou. Voir le *Bien public*
du 4 juin 1874.)

Alors, Monsieur, vous pouviez entrer à Paris, et y
rétablir l'ordre; mais là devait se borner votre tache :
vous deviez rester neutre, et faire immédiatement un
appel à la Chambre et au Pays, afin que l'on déter-
minât « la forme du gouvernement dont vous étiez
« dépositaire. » Mais votre conduite a été, pendant
que vous teniez tant de monde prisonnier, celle d'une
hyène ou d'un tigre avec la rage au cœur, et non
celle d'un être doué de raison.

Il est impossible de trouver quelqu'un aussi faible
que vous, comme logicien; mais il n'est pas permis,
à notre époque, d'avoir aussi peu d'humanité, voire
même de bon sens, que vous en avez. Vous n'avez
jamais fait illusion aux esprits pénétrants; mais,
aujourd'hui, vous ne faites plus d'illusion à personne ;
la Commune vous a tué dans l'esprit de tout le monde.
La seule fois que vous avez eu le commandement
suprême, que vous ambitionniez tant, vous vous en
êtes servi *pour tuer indifféremment innocents et
coupables*.

Chacun sait que la nature vous a doué d'une cer-

taine prévision, qui est le sentiment des événements
à très-courte échéance. Mais avez-vous un instant
réfléchi aux conséquences de la façon toute barbare,
dont vous avez voulu mener les choses? Les événements tournent au gré de Dieu, et tel qui se joue
de Dieu pourrait bien un jour voir Dieu se jouer
de lui.

Quant à ce que vous pouvez penser et dire du Ra-
dicalisme, du Communisme, je ne pense pas qu'il se
soit jamais agi de cela. Tant pis pour vous, si vous
sayez si bien jongler avec les idées, que vous appli-
quiez le sens du mot Communiste au mot Communal.
Il y a encore des gens, qui en comprennent la raison.
Ce n'est dans votre bouche qu'une platitude d'orateur
à la tribune, avec promesses et basses flatteries,
implorant grâce pour la conservation de son pouvoir.
D'ailleurs, et en vérité, vous avez écrit en 1848 ce
que vous en pensiez, et il est évident que vous n'êtes
pas de force dans ces questions-là.

Voici comment Alphonse Karr juge M. Thiers:

« M. Thiers est certes le plus intelligent de tous
« ceux qui aujourd'hui se disputent le pouvoir *per*
« *fas et nefas;* mais il ressemble à la mauvaise
« mère, qui dans le jugement surfait ou plutôt ab-
« surde du roi Salomon, aime mieux voir l'enfant
« coupé en deux, que de le voir donner à la vraie
« mère. *M. Thiers ne voit dans la politique ni la*

« *paix, ni la grandeur, ni la prospérité, ni le*
« *bonheur de son pays. Il n'y voit que le pouvoir*
« *pour lui. Être au pouvoir et s'y maintenir par*
« *toutes les ruses, tous les compromis.* — Une
« fois tombé (et il n'a jamais pu s'y maintenir
« longtemps), une fois sur le pavé, *M. Thiers*
« *l'assiége, l'escalade par tous les moyens, avec*
« *toutes les complicités, par les engins les plus*
« *funestes, voilà toute sa vie politique.* »

« Le voilà aujourd'hui allié au parti des soi-disant
« républicains, qu'il espère dominer et jouer, tandis
« que ceux-là comptent se servir de lui et le jeter
« par la fenêtre, quand il les aura introduits dans la
« maison. »

« C'était donc sans conviction, qu'il faisait tuer
« tant d'autres républicains, dans la rue Transnonain;
« et parmi ceux-là il y avait de vrais républicains;
« c'était donc sans conviction, sans la pensée d'un
« triste et tyrannique devoir, qu'il les faisait tuer
« récemment dans les rues de Paris, puisqu'il est
« aujourd'hui leur allié, leur complice, et croit être
« leur chef. »

« Certes, ce petit homme possède une rare et ro-
« buste intelligence; mais il lui manque une âme
« élevée, un grand cœur; et, *tel qu'il est, il faut*
« *le mettre au nombre des plus grands fléaux*
« *que la colère divine ait jamais envoyés sur la*

« *France.* » (Voir *Le Figaro* du 7 juin 1874, article intitulé : *Les Guêpes.*)

On vous prête ce mot : « *Je suis né révolutionnaire, je vivrai révolutionnaire, je mourrai révolutionnaire.* En effet vous avez singulièrement aidé à renverser trois monarchies. Vous avez accompli votre tâche. Que la terre vous soit légère ! On l'a déjà dit : Dieu seul est le poëte ; les hommes ne sont que les acteurs.

FIN

Paris. Imprimerie Paul Dupont, rue Jean-Jacques-Rousseau, 41. — (1941.6.74)